AF247046

NOUVEAU PROJET

DE Rédaction précisée d'un Contrat social et de la Constitution d'un Gouvernement institué pour en suivre l'exécution, présenté manuscrit à la Convention nationale, lors de la Rédaction de la Constitution de l'an 3, faisant suite à......

Et aux Consuls de la République française, le 14 Frimaire an huit.

A PARIS,

Chez PERNIER, Libraire, rue de la Harpe, n°. 188, vis-à-vis celle S.-Severin.

An VIII.

PROJET

DE Rédaction précisée d'un Contrat social et de la Constitution d'un Gouvernement institué pour en suivre l'exécution, présenté manuscrit à la Convention nationale, lors de la Rédaction de la Constitution de l'an 3, faisant suite à......

CONTRAT SOCIAL.

LE peuple ou l'universalité des citoyens occupant le territoire connu sous le nom de *République française*, réuni librement pour convenir des conditions sous lesquelles chacun de ses membres se lie dans la société civile et nationale qu'il va former, tant comme particulier que comme citoyen, stipulant pour les absens, pour la postérité et tous ceux qui adopteront par la suite pour patrie ledit territoire, convient des bases préalables et des articles qui suivent (1).

Bases premières.

TOUS les engagemens que les contractans vont prendre entre eux obligeront réciproquement chacun d'eux, sans exception, tel rang qu'il ait par la suite dans la société, de telle autorité qu'il soit revêtu.

Les engagemens qui vont suivre n'étant pris que parce qu'ils sont jugés absolument nécessaires au maintien et à l'ordre du genre de société nationale et civile le plus libre possible, sous lequel tous les citoyens indistinctement veulent

---

(1) Dans un gouvernement soumis aux loix de la société, tous les individus ont véritablement part au gouvernement, puisqu'il n'agit que d'après les loix qu'ils ont adoptées eux-mêmes : ils ne peuvent être esclaves de qui que ce soit, lorsqu'ils ont fixé les bornes du pouvoir légitime qu'on peut exercer sur eux en société.

A

vivre, leur intention ayant été de ne s'engager qu'autant que l'utilité générale et privée, sans distinction de personnes, l'exige, et non par le caprice de qui que ce soit ; les citoyens ne pourront être assujettis à aucunes obligations qu'elles ne soient la suite de celles qu'ils vont prendre, ou qu'elles ne soient fondées sur la nécessité d'assurer l'exécution du présent acte de société nationale.

Il n'y aura parmi les contractans aucune distinction dans l'exercice de leurs droits, aucun privilége particulier, aucun titre particulier adhérant aux personnes, aucuns droits sans avantages réciproques, telle convention qui puisse être faite. Il n'y aura aucune place héréditaire, aucune préférence particulière, pour parvenir aux places du gouvernement, qui sera établi par suite des présentes: elles ne seront accordées qu'à ceux qui pourront être utiles à la patrie, en les remplissant dignement, à ceux par conséquent qui se seront rendus, et auront été reconnus capables de les remplir par leurs talens, leurs vertus, leur probité, leurs mœurs, qui seront d'ailleurs républicoles, ou de familles républicoles, titres nécessaires pour faire présumer dans les individus investis de places indépendantes l'attachement à la patrie et à l'ordre de la société (1).

Articles énonciatifs des engagemens sociaux pris par le présent contrat de société nationale.

De la Sureté des Personnes.

CHACUN des contractans s'oblige à respecter l'existence des autres.

De la Garantie des Propriétés.

CHACUN des contractans s'oblige à respecter les propriétés d'autrui de toute espèce.

De la Liberté individuelle.

CHAQUE contractant demeurera individuellement libre de ses actions toutes les fois qu'elles ne seront point contraires

---

(1) Il ne suffit pas de nommer un homme à une place, il faut qu'il ait les facultés physiques et morales qu'elle exige, et que son intérêt particulier soit lié à celui de la république.

et ne pourront nuire , soit aux engagemens pris par ces présentes , soit au maintien des mœurs et de l'ordre de la société nationale et civile , présentement contractée.

De la Liberté des Cultes.

CHACUN pourra rendre hommage au Créateur de l'univers suivant son usage , professer la religion qu'il voudra , pourvu qu'il en professe une , qu'il reconnoisse un dieu juste et bienfaisant , rémunérateur de la vertu et vengeur du crime. Les devoirs sociaux , la justice , la charité , la douceur , le culte de la vérité , l'attachement à ses concitoyens , à l'humanité entière , l'obligation de servir son pays ; en un mot toutes les vertus et qualités sociales et humaines étant évidemment les principes de toute vraie religion, les ministres des différens cultes ne pouront y porter atteinte , ils seront même tenus de les prescrire et de donner l'exemple de de leur pratique; ils ne pourront en aucun cas s'immiscer dans dans les affaires civiles , ils ne pourront jouir d'autres droits , que de ceux de tous les citoyens , ni de revenus ou traitemens adhérens à leurs titres sacerdotaux, sauf les émolumens annuels et casuels qui pourront être attribués à leurs peines et travaux journaliers; toute profession de religion , dont les dogmes seroient contraires aux engagemens de la société est interdite: ses adhérens seront tenus de se retirer de la république.

De la Liberté de Possession.

LE territoire de la république est divisé entre les particuliers propriétaires actuels sans limites de quotité , suivant l'énonciation de leurs titres de propriété et leurs possessions , à l'exception des rivières navigables , routes, chemins , terres nécessaires. à l'usage des communautés d'habitans , terreins et bâtimens que le gouvernement jugera nécessaire de conserver en commun , pour la commodité , la sureté , la salubrité , l'agrément général , le service des établissemens publics et des cultes , sans que ceux qui exercent des fonctions qui leur en donneront la jouissance , puissent prétendre sur iceux aucun droit de propriété : elle est réservée aux citoyens qui en jouissent et aux besoins ou usages de la société générale , tels qu'ils soient , telle variation qu'ils éprouvent.

Les propriétés communes que la société possède actuellement ou qui pourroient lui échoir par la suite,
à défaut de propriétaires légitimes, autres que celles qui
seroient jugées devoir être utiles à l'usage ou aux établissemens publics, seront aliénées publiquement au plus offrant
et dernier enchérisseur.

Aucune société particulière ou corporation, ne pourra
posséder, comme corps, aucun bien à perpétuité ni même
à long terme ; les associés à un corps particulier ou corporation, propriétaires, seront toujours regardés comme
propriétaires personnels quoiqu'indivis et pourront en
exercer les droits, demander le partage des biens communs,
si ce n'est que l'indivision ait été par eux stipulée durant
un court espace de temps.

Chaque citoyen propriétaire jouissant de ses facultés intel-
lectives et morales pourra jouir et disposer à son gré librement de ses propriétés et fruits d'icelles de tout genre, mais
il ne pourra détourner les chemins ni le cours des rivières et
ruisseaux passant sur ses propriétés ; il sera au contraire
tenu de leur entretien sur son territoire ; il sera obligé de
cultiver sa terre, de lui faire produire les fruits auxquels
elle sera propre, sans pouvoir les laisser dépérir ou les
détruire ; il sera astreint à suivre les règlemens qui seront
faits par le gouvernement pour le bien de l'agriculture,
la conservation des bois, denrées et produits de tout
genre, l'utilité réciproque et la liberté de jouissance des
propriétaires limitrophes et mitoyens.

Nul n'aura droit sur les propriétés d'autrui, et ne pourra
pêcher, chasser ni entrer sous tel prétexte que ce soit
sur icelles, sans la permission du propriétaire, si ce
n'est par autorisation légale des magistrats du gouvernement, ou dans le cas où il seroit chargé par les deux tiers des
propriétaires du canton ou par les agens du gouvernement,
de détruire les animaux nuisibles, ou pour porter des secours
publics ou particuliers : les propriétaires de champs qui
ne pourroient arriver en iceux qu'en passant sur les propriétés
d'autrui, pourront seulement les traverser dans les temps
que l'agriculture le requiert sans faire de dégât.

Chacun poura vendre et aliéner de la manière qu'il
jugera à propos ses propriétés, à titre d'avantages

réciproques ou de libéralité ; mais il ne pourra les grever d'aucunes servitudes, obligations ou charges, si elles ne sont relatives au prix de l'aliénation : l'acquéreur aura toujours nonobstant toute clause contraire, la faculté de se libérer à volonté de toutes les conditions justes qui lui auront été imposées ; les autres seront regardées comme nulles, il pourra seulement être stipulé pour l'acquit du prix un terme non anticipable qui ne pourra excéder 20 années ou la durée de la vie de quelque citoyen lors existant.

Toute servitude foncière ou personnelle stipulée sera abolie : les conventions rétributives seules seront rachetées ou converties en redevances ou rentes, rachetables au gré du débiteur.

La propriété ne pourra être grevée d'usufruit que pendant la durée de la vie de quelques personnes existantes, lors de la convention, mais non au-delà.

La location ne pourra excéder 9 années, parce que la société veut que les propriétaires aient toujours un intérêt prochain à entretenir et améliorer leurs propriétés.

L'aliénation des biens fonds ne sera définitive et irrévocable, qu'autant qu'elle sera suivie de la mise en possession publique de l'acquéreur, pour éviter toute fraude entre les citoyens.

Nul propriétaire ne pourra forcément être dépossédé de sa propriété faute de paiement des dettes qu'il aura contractées sous la garantie d'icelles, que par une vente publique et avec les formes conservatrices des droits de chacun qui seront établies par les magistrats du gouvernement.

Toute vente volontaire, telle stipulation qui ait été faite par le vendeur, sera soumise, pendant les trois mois de sa date avant la mise en possession de l'acquéreur, aux sur-enchères publiques du dixième de son prix, et demeurera ensuite définitive, sans qu'il puisse y avoir lieu à rescision.

Toute obligation pécuniaire sous le gage d'une propriété foncière ne pourra être contractée pour plus de 20 années.

Toute possession pendant 10 années, sans interruption ou réclamation d'un bien foncier inoccupé ou abandonné, vaudra titre de propriété.

Toute possession mobilière, si elle n'est subreptice, vaudra titre.

Les volontés d'un citoyen, qui aura disposé de ses propriétés dans la vue de la mort ou par testament, sans avoir mis de son vivant en possession irrévocable, celui ou ceux envers qui il aura disposé, attendu qu'il ne peut être regardé comme propriétaire au-delà de sa vie, n'équivaudront qu'à des actes de reconnoissance de dettes ou obligations qu'il auroit pu contracter de son vivant, et comme telles, pourront être assujetties à l'appréciation de leur juste valeur.

Les propriétés dont l'étendue, les bâtimens d'exploitation et les dispositions seront utiles à l'approvisionnement des villes, à l'agriculture, au commerce, aux arts et aux sciences, en un mot au bien général, ne pourront être divisées par les propriétaires, qui ne pourront en disposer qu'en totalité, suivant les régles prescrites d'ailleurs pour toutes les autres.

Les propriétés particulières en tout ou partie, qui seront jugées nécessaires pour la confection régulière des routes ou des établissemens publics, pourront être retirées au propriétaire, par une décision supérieure des membres du gouvernement.

Les propriétaires en ce cas ne pourront être expropriés qu'en leur payant le prix de l'estimation, les estimateurs auront égard tant au prix du fond qu'aux accessoires qui ne pourront être retirés, encore qu'ils ne puissent servir à l'usage public projeté. En cas de refus de paiement, l'offre équivaudra à l'acceptation, il pourra être, si mieux l'aiment le propriétaire ou les agens du gouvernement, reçu ou donné en échange une propriété, dans le même canton, de la même valeur, s'il en existe à la disposition publique.

De la Liberté du Commerce.

LE commerce intérieur sera libre, le commerce extérieur le sera toutes les fois qu'il ne pourra nuire à la société; il ne pourra être en fait de commerce comme en toute autre matière accordé aucun privilége exclusif de vente ou de fabrication à personne.

Les membres de gouvernemens pourront néanmoins apporter quelques modifications aux principes de liberté indéfinie et d'inexclusion ci-dessus , pourvu que ce soit dans la seule vue de l'agrandissement et de la sureté du commerce même , d'assurer l'ordre et la bonne foi dans les marchés, l'égalité dans la perception des impositions, de conserver au génie pour un temps limité la propriété de ses découvertes extraordinaires.

La liberté du transport des grains à l'intérieur ne pourra être altérée en aucune manière ni pour quelque cause que ce soit , parce que le droit aux secours pressans appartient à tous les citoyens de la république.

Le commerce des grains étant de nécessité pour la vie, ne pourra être assujetti à aucune imposition.

Les prix des marchandises de tout genre ne pourront être fixés par aucune autorité qu'à défaut de déclaration de prix préalable à la vente de la part du vendeur , ou de convention entre les parties ; les grains seuls et logemens en cas d'affluence de monde extraordinaire , dans un lieu, pourront être taxés par les magistrats du lieu pour un temps fixe et court , sur la réquisition des agens de l'exécution , ou sur celle des voyageurs , pourvu que ce soit au prix courant des lieux voisins.

Les membres du gouvernement ne pourront faire ni faire faire aucun trafic pour leur compte , à peine d'expulsion de leurs places.

De la Naissance des Citoyens.

LA naissance des citoyens sera constatée sous la surveillance du gouvernement : les parens , leurs représentans ou ceux qui se chargeront du soin d'un nouveau-né comme nouvel associé , l'engageront au maintien du contrat social : le père qui aura été uni à son épouse par les liens d'un mariage reconnu de la société , déclarera de suite ou dans un bref délai , s'il reconnoît l'enfant présenté pour son légitime héritier et son successeur dans la société , à défaut de quoi il ne pourra le devenir par la suite , et sera regardé comme né hors mariage.

Du Mariage.

L'ORDRE de la société , celui de la nature qui donne

naissance à un nombre à-peu-près égal d'individus des deux sexes, le respect dû à la dignité de l'espèce humaine, la conservation de la santé utile à la société, exigent que chacun des associés, de différens sexes s'en tiennent pour toujours au choix libre qu'il pourra faire d'un époux ou d'une épouse ; les associés majeurs de différens sexes ou mineurs, du consentement de leurs pères, mères, tuteurs ou leurs représentans, qui désireront s'unir par mariage dans la vue de perpétuer la société par leur postérité, feront connoître à leurs plus proches parens résidant sur le même lieu, et à la société leur intention; leur union prononcée publiquement en présence desdits parens ou amis, sera inscrite sur le registre public et sera indissoluble pendant la durée de leur vie, si ce n'est en cas d'erreur, de séduction, ou d'incompatibilité de caractère jugée : mais la survenance d'enfans ôtera tout prétexte à la rupture des liens du mariage pour cause d'incompatibilité de caractère ; les parties pourront néanmoins se séparer volontairement d'habitation et de biens par acte public, si l'un d'eux le désire constamment. La fidélité que les époux se seront promise sera entre eux gardée, et les autres citoyens seront tenus de la respecter.

L'usage presque universellement suivi de prohiber le mariage entre frères et sœurs, oncles et neveux, et cousins aux deux premiers dégrés, sera conservé (1).

Les citoyens pourront régler à leur gré les conventions civiles de leur mariage, sauf le respect dû aux mœurs et à l'égalité des engagemens ; en cas d'imprévoyance à cet égard, les conditions seront reglées par l'usage le plus généralement adopté dans la république, que les magistrats supérieurs du gouvernement constateront ou feront constater, et regleront en conséquence.

Il y aura entre les époux communauté de biens, à moins qu'il n'y ait entre eux une clause contraire, notoirement

---

(1) La prohibition du mariage entre proches parens paroît devoir être adoptée, n'eût-elle pour utilité que la conservation de la décence dans l'intérieur des familles, et le rapprochement des familles diverses, qui sans cela pourroient s'isoler d'une manière trop marquée.

par eux déclarée : l'époux sera l'administrateur de la communauté d'entre lui et son épouse, et sera comptable envers son épouse de son administration, lors de la dissolution de la communauté, quelque consentement qu'elle ait donné pendant sa durée pour la gestion de ses affaires ; les engagemens particuliers des femmes en communauté seront nuls, si ce n'est pour raison de commerce publiquement professé par elles depuis le laps de temps d'une année au moins, ou comme autorisées par leurs maris.

De la libre Éducation des Enfans.

LES contractans seront libres d'élever leurs enfans eux-mêmes, ou de les faire élever par qui ils voudront ; ils les instruiront librement de leurs engagemens sociaux et de leur religion. La société, ou les agens du gouvernement à ses droits, ne pourront exiger des enfans aucun service avant l'âge de puberté, fixé à 21 ans ; la société s'engage de faire aider les parens autant qu'elle le pourra, à leur donner les connoissances qu'exigeront les divers états qu'ils occuperont dans la société ; le gouvernement fera établir les écoles d'instruction nécessaires à cet effet, où besoin sera. Les parens, comme magistrats naturels de leurs enfans, auront tout pouvoir de discipline sur eux, à moins qu'ils ne s'en soient rendus indignes ; ils conféreront leurs droits à ceux auxquels ils confieront leur éducation, pendant le temps de leurs soins ; les uns et les autres répondront, autant qu'il sera en eux, des actions de leurs enfans ou disciples ; les enfans leur devront respect, obéissance et reconnoissance ; ils seront tenus de secourir, s'ils le peuvent, leurs père et mère dans l'indigence. La société se chargera des enfans abandonnés et remplira, envers eux, les devoirs de leurs parens ; ceux qui seront chargés de les remplir jouiront sur eux, des mêmes droits que leurs parens : les enfans seront tenus envers eux, aux mêmes devoirs pendant la durée de leurs fonctions.

Des Familles.

LES mariages, contractés naturellement, même avant

l'état de société, établissent un attachement particulier pour sa famille et une espèce de société familière, toujours. subsistante, au milieu de la société nationale : cette société est respectable et utile sous tous les rapports moraux et politiques. La société en consacre les droits ; les contractans promettent en conséquence d'en cultiver les nœuds, et de remplir entre eux les devoirs que les liens du sang et l'amitié familière prescrivent.

Les affaires qui intéresseront particulièrement les familles, seront réglées sans frais par un conseil ou tribunal de famille, convoqué à cet effet, sur la réquisition d'un membre de la famille ou d'un officier public ; les liens de l'amitié suppléront à ceux de la parenté, à son défaut ou en cas d'absence.

Les assemblées de famille seront pour l'ordre et le maintien des droits de chacun assistées d'un magistrat public.

De la Majorité des Citoyens.

LA majorité civile des citoyens, c'est-à-dire l'époque de leur vie à laquelle ils pourront diriger leurs actions privées, et disposer d'eux-mêmes sans direction, sauf le respect dû à leurs père et mère, est fixé pour les deux sexes à 25 années accomplies ; leur minorité pourra néanmoins être prolongée en cas d'incapacité, d'inconduite marquée ou de prodigalité, par un conseil de famille ; un acte de famille constatera la majorité, afin qu'elle soit publique ; les enfans pourront en tout cas, disposer des fruits de leurs travaux, dès l'âge de 20 années accomplies.

Du Gouvernement des Mineurs et infirmes dans leur éducation et leur fortune.

A défaut de parens directs, l'éducation et la fortune des enfans sera confiée à leur parens collatéraux ; un d'entre eux, choisi par un conseil de famille, aura sous le nom de tuteur, la surveillance habituelle de leurs personnes, de leur éducation et des détails de leurs fortunes ; il ne pourra être destitué qu'en cas de négligence ou mauvais traitemens envers ses pupiles ; il aura recours dans les circonstances extraordinaires, pour opérer sa décharge, au conseil de famille; nul ne pourra refuser son conseil à ses parens sans renoncer à sa famille et à tous les avantages qu'il pourroit en retirer par la suite, dont il sera exclus, à moins qu'il n'ait une excuse valable.

Dans le cas où il seroit nécessaire d'interdire un citoyen, et lui ôter le libre usage de ses actions et disposition pour son propre bien, ou la sûreté de la société et la conservation des mœurs, un conseil de famille, duquel les héritiers présomptifs seront exclus, décidera s'il y a lieu à interdiction; en ce cas, les juges de la société prononceront l'interdiction, s'il n'y a erreur dans les faits, sur lesquels le conseil de famille aura prononcé.

Le gouvernement de la personne et de la fortune de l'interdit, sera dirigé comme celui des mineurs.

La société remplira seulement, envers les citoyens abandonnés de leur famille et dont l'interdiction seroit reconnue nécessaire par un jury ordinaire, à défaut de conseil de parens et amis, les devoirs de leur famille.

De la Mort.

L A mort des individus sera constatée par des officiers publics; les cérémonies funèbres seront faites au gré des familles des défunts; les lieux publics ou particuliers, indiqués pour les sépultures, seront respectés; la société pourvoira aux frais de sépulture, de ceux qui ne pourront les faire convenablement à la dignité humaine.

Des Successions.

L ES enfans nés durant l'union des citoyens, contractée conformément aux conventions ci-dessus prescrites, conjointement reconnues par eux, pour en être le fruit, succéderont à leurs père et mère par égales portions, aux objets divisibles et au prix des objets indivisibles, ou dont la division seroit nuisible à leur valeur ou à la société, sans avoir égard aux dispositions que les père et mère auroient faites de leur vivant, à moins qu'ils ne les aient spécialement faites par imputation sur leur succession. La représentation aura lieu à l'infini : les peres et mères succéderont chacun par moitié à leurs enfans décédés sans postérité ; mais les objets venant directement des dons de l'un d'eux , lui retourneront ou à ses représentans.

A défaut de père et mère , d'enfans et petits-enfans , les ascendans immédiats ou leurs représentans indéfiniment chacun dans leur ligne , succéderont par moitié si les biens n'ont une origine connue.

A défaut des ascendans immédiats et de leurs représentans , les ascendans du deuxième degré , ou leurs représentans indéfiniment , succéderont dans le même ordre et ainsi de suite.

Les enfans naturels ou nés hors le mariage contracté dans les formes prescrites , jouiront de tous les droits politiques des citoyens sans distinction , seront admissibles à toutes les fonctions et places publiques , quand ils auront d'ailleurs les facultés requises pour y être admis ; mais n'étant pas nés à la suite de conventions civiles , établissant leurs droits successifs , conformément aux règles établies par le présent contrat de société , relativement à l'institution civile du mariage , des sociétés de familles et de l'ordre des successions , ils ne succéderont à leurs parens qu'à défaut d'héritiers légitimes directs ou collatéraux , à quelque degré qu'ils soient. Leurs parens ne leur succéderont point.

Les citoyens aisés pourront se faire nommer tuteurs des enfans abandonnés ; ils rempliront envers eux les devoirs paternels, comme les enfans rempliront envers eux les devoirs filiaux , sans acquérir l'un sur l'autre de droits successifs.

Les successions vacantes appartiendront à la société ; le prix qui en proviendra sera par elle employé à remplir les devoirs qu'elle contracte envers les enfans abandonnés , dont elle sera la protectrice naturelle.

Du Respect dû à l'ordre public , aux mœurs et à la liberté des Personnes.

CHAQUE contractant s'engage à respecter l'ordre et le repos public, les droits de ses co-associés, à se conformer à ce qu'exigent les mœurs, la décence, la politesse même, les égards dûs à l'innocence et à la foiblesse , à respecter la liberté individuelle et la dignité de l'homme dans les deux sexes, à honorer et pratiquer les vertus, qui font l'honnête homme, le bon citoyen, telles que la justice, la clémence, la générosité, la discrétion, le pardon et l'oubli des injures, et généralement toutes qualités qui contribuent au bonheur et à la douceur de la société.

Chaque contractant s'engage à suivre les loix qu'imposent la sobriété, la tempérance, la conservation des forces et de la santé, la salubrité du territoire et la propreté.

Il n'y aura aucunes cérémonies, aucunes fêtes publiques d'observation forcée ; de simples actions de graces seront rendues à Dieu, en cas d'évènemens heureux pour la république, par les agens de l'exécution, sans distinction de culte ; chaque citoyen pourra librement travailler ou chaumer les jours qu'il lui plaira (1).

De l'union, de la paix, et de la justice des actions entre les contractans.

Les contractans s'obligent à maintenir entre eux l'union et la paix, à observer en général leurs engagemens publics et particuliers, à vivre en bonne intelligence, à n'agir, contracter et se lier réciproquement, qu'avec probité, bonne foi, justice, égalité, loyauté et franchise, à exécuter strictement leurs conventions privées, revêtues du caractère ci-dessus, et en cas de contestations, à s'en rapporter sur leurs différends à des arbitres qu'ils nommeront ou aux magistrats qui leur seront été donnés par la constitution du gouvernement, à se conformer à leurs décisions : ils renoncent en conséquence à toutes voies de fait entre eux.

De l'aide et des secours réciproques.

Les contractans s'engagent à s'aider et se secourir réciproquement dans leurs besoins et leurs malheurs, soit individuellement, soit collectivement ; la société générale indemnisera ceux qui auront rempli ces devoirs : en cas d'urgence, elle aura des établissemens publics pour soulager la misère des vieillards, des enfans et des infirmes, et

____

(1) A la Chine on ne connoît pas de jours de repos habituels.

marquer sa reconnoissance envers ceux qui auront consacré
leur vie, leurs années et leurs fortunes à son service.

De la contribution aux charges et entretien de la Société.

LES contractans s'obligent de contribuer tous sans exception et proportionnellement à leurs facultés, à toutes les charges personnelles ou prestatives, jugées par les membres du gouvernement dans les formes prescrites, nécessaires au maintien ou à la dignité de la société nationale; ils marcheront à la défense du territoire de la république contre les ennemis étrangers, lorsqu'ils auront été désignés à cet effet; ceux d'entre eux qui abandonneroient la défense de la patrie, seront voués au mépris public et punis militairement comme déserteurs.

Un des principaux buts de la société étant la conservation des propriétés, les fonds réels ou fictifs ne pourront être en aucun cas imposés, les produits et revenus fonciers, industriels ou commerciaux seront seuls assujettis aux contributions.

Les actes civils, judiciaires, publics ou privés servant à constater l'état des personnes, leurs droits, actions, obligations ou conventions, les effets de commerce, les décisions et jugemens des membres de gouvernement, dans les affaires particulières, seront faits ou rendus aux frais des contractans; mais ils ne pourront être assujettis à aucune contribution publique : néanmoins le papier sur lequel ils seront écrits, pour plus d'authenticité, pourra être timbré, le timbre renouvellé de temps à autre et vendu au profit de la société; mais le prix en sera modique et uniforme, le produit principalement applicable aux dépenses judiciaires à la charge de la société.

Deux ou trois espèces de denrées, les grains exceptés, pourront être retirées du commerce et vendues exclusivement au profit de la société générale, pour faire face plus aisément aux dépenses publiques, et étendre la contribution aux charges de la société, à toutes les classes de consommateurs.

Les membres de gouvernement ne pourront faire aucun emprunt au nom de la société, qu'en cas d'évènemens extraordinaires ; ils indiqueront alors les parties du revenu public qui seront affectées à l'acquit desdits emprunts , en capitaux et intérêts ; les fonds assignés ne pourront être détournés de leur destination.

Les membres du gouvernement conserveront de tout leur pouvoir le crédit public par leur exactitude à remplir les obligations qu'ils auront contractées au nom de la société , envers les particuliers républicoles ou étrangers et les nations voisines, indépendamment de guerre ou contestations entre elles.

De la soumission des contractans aux peines qu'ils auront méritées , par l'infraction à leurs engagemens envers la société en corps ou les associés en particulier.

Les contractans se soumettent à exécuter les condamnations qui dériveront de leurs engagemens, à subir le bannissement et les peines même corporelles qui seront, par les magistrats du gouvernement , jugées nécessaires au maintien de la société, lorsqu'ils auront été jugées légalement les avoir encourues.

La peine de mort ne sera infligée qu'à ceux qui auront mis volontairement la vie de leurs concitoyens en danger, qui auront aidé les ennemis extérieurs , dans leur dessein d'envahir le territoire de la république, ou rentreront dans le sein de la société après en avoir été bannis.

La peine de mort , en cas de nécessité , sera infligée de la manière la moins douloureuse , la plus conforme à la dignité de l'homme, de la même manière pour tel délit que ce soit , telle personne qui la subisse , le plus promptement possible et le plus près du lieu de la détention du criminel , dont la punition sera néanmoins publique pour assurer l'identité des coupables. Les apprêts du supplice seront destinés à inspirer l'horreur et non à satisfaire une vaine, inutile, ou cruelle curiosité.

Les biens des citoyens punis de mort ou bannis de la république passeront à leurs héritiers légitimes , après avoir prélevé sur iceux les indemnités privées et frais occasionnés par le délit.

De l'agriculture, des sciences et arts.

LES contractans promettent d'honorer l'agriculture, les sciences, les arts civils et militaires, le commerce, et généralement toutes les professions utiles à la société ; chacun d'eux promet, à peine d'encourir le mépris public, de s'adonner de tout son pouvoir, à quelque genre d'étude, de travail ou d'occupation dont la société puisse profiter.

La sûreté, la franchise, l'utilité publique et privée, devant être garanties autant que possible dans toutes les actions des contractans, nul ne pourra exercer une profession essentielle qu'il n'ait fait preuve d'étude et de capacité.

De l'invariation des articles du présent contrat.

LES articles ci-dessus formant les conditions fondamentales de la présente société civile et nationale, porteront seuls le nom de loix fondamentales de la république ; ils seront immuables et invariables ; il ne pourra être fait aucun changement à leurs principes ; ils sont contractés à perpétuité ; les contractans promettent et s'obligent d'en suivre fidèlement les dispositions, se rendant autant qu'il est en leur pouvoir, collectivement et solidairement garans et protecteurs de leur durée et de leur exécution perpétuelle envers leurs concitoyens et la postérité.

Des engagemens de la société envers les sociétés nationales ou Nations étrangères.

LES contractans, par suite du présent contrat de société nationale, s'engagent, comme formant société nationale, envers les autres nations, à ne se mêler en rien de leur régime intérieur ; ils ne souffriront point non plus qu'aucune nation étrangère porte atteinte à leurs présens engagemens sociaux intérieurs.

Ils s'engagent à conserver aux habitans des pays étrangers, comme s'ils étoient républicoles, même en temps de guerre, les propriétés qu'ils pourroient, par spéculation

commerciale

commerciale ou autrement, avoir apportées sur le territoire de la république, laissées, déposées ou acquises dans
leurs passages, à leur conserver même les droits qui pourroient leur écheoir par succession ou autrement, en vertu
des loix de la république.

La société recevra dans son sein les étrangers qui voudront y être admis, en déclarant par eux qu'ils adoptent
ses loix, après avoir prouvé préalablement qu'ils se sont
conformés à celles du pays qu'ils quittent.

La société renonce à tout projet de conquêtes et d'agrandissement; elle ne fera aucune réunion de territoire à celui
qu'elle possède actuellement, si ce n'est en vertu de traités
faits librement avec les nations voisines, dans la vue de
maintenir la balance des forces entre elles pour leur sûreté
générale et réciproque.

La société promet paix, amitié à toutes les nations pai-
sibles qui se maintiendront dans les limites de leur territoire, sans menacer la sûreté des autres; elle rendra aux
nations voisines et à leurs habitans, tous les services d'a-
mitié qui dépendront d'elle et que l'humanité prescrit.

De l'Institution du Gouvernement.

La société tirera de son sein un nombre suffisant de citoyens qui seront chargés, chacun dans la partie qui lui
sera assignée, de faire les affaires particulières de la société
collective tant à l'intérieur qu'à l'extérieur, et de diriger
leur détail, de faire exécuter le présent contrat et les actes
légaux qui en dériveront, de veiller à la conservation des
droits réciproques de la société et de ses membres, à la
conservation du territoire de la république, de régler ou
de faire régler les différends qui pourront s'élever entre les
citoyens et ceux d'entre eux-mêmes qui excéderoient leurs
pouvoirs, au nom de la société dont ils poursuivront les
droits, ou entre les associés seuls. Le corps de la société
sera représenté pour que chacun puisse aisément diriger
contre le corps de la société en la personne de son ou
ses représentans, les actions auxquelles les articles de la présente société pourroient donner lieu; toutes les opérations
ci-dessus seront suivies par lesdits citoyens, comme agens

B

ou magistrats de la société, de la manière et dans les formes qui vont être plus particulièrement indiquées par la constitution du gouvernement qui va être établi.

Les membres chargés de ces différentes commissions formeront ce qu'on appelle en général le gouvernement de la société ; les membres du gouvernement institué ne pourront s'écarter en aucune manière de l'esprit des loix de la société , des principes qu'elle vient d'établir ; leurs actions et jugemens ne seront légaux et obligatoires, qu'autant qu'ils observeront, dans leurs opérations, les loix fondamentales que la société vient d'adopter , l'ordre de leur institution, la division des fonctions qui leur seront assignées, les formes et autres règles constitutionnelles qui vont leur être prescrites pour la validité de leurs opérations.

CONSTITUTION DU GOUVERNEMENT DE LA RÉPUBLIQUE.

L'EXÉCUTION du contrat social qui vient d'être rédigé et adopté par le peuple français , est confié sous le nom de gouvernement général , à trois conseils supérieurs différens et séparés qui ne pourront délibérer que particulièrement entre eux.

Ils sont établis à perpétuité, responsables l'un envers l'autre de leur durée. Les pouvoirs qui leur sont confiés par ces présentes cesseront par la dissolution de l'un d'eux.

Le premier conseil sera désigné sous le nom de conseil général d'intendance de la république.

Le second sous le nom de conseil général d'équité de la république.

Le troisième sous le nom de conseil d'administration générale de la république.

De la Composition de chacun des conseils généraux ci-dessus établis.

LE conseil général d'intendance sera composé d'un intendant général ou premier ministre de la république.

D'un sous-intendant général, ou ministre en second, suppléant l'intendant général, en cas d'absence du lieu de sa résidence, ou empêchement généralement quelconque, et son successeur, plus, de six intendans ou ministres des six départemens ci-après : savoir.

De la justice, de l'intérieur, des relations extérieures, de la guerre, de la marine et pays au-dela des mers, et des finances.

L'intendant en chef présidera le conseil d'intendance, à son défaut son suppléant, à défaut de son suppléant, le plus ancien des intendans présens.

Dans les affaires générales communes aux trois conseils, c'est-à-dire dans la formation ou adoption des loix générales d'exécution, les décisions du conseil d'intendance se prendront à la pluralité relative des voix, l'intendant suppléant pourra être présent, mais ne donnera sa voix qu'en cas d'absence ou empêchement de l'intendant en chef.

Chaque intendant rendra compte au conseil, de ses plans, de ses actions, se concertera avec les autres intendans pour leur exécution, afin de ne pas se trouver en opposition avec eux dans leurs opérations respectives ; mais il agira, ordonnera et décidera seul dans les affaires particulières à son département, sur sa seule responsabilité personnelle.

Il y aura près du conseil général d'intendance un secrétaire, un secrétaire-adjoint, le secrétaire ou le secrétaire-adjoint en son absence, certifiera et contre-signera les décisions générales signées du président, et y apposera le sceau du conseil.

Les décisions particulières aux divers intendans dans leurs fonctions, seront signées de l'intendant en chef, scellées du sceau du conseil et contre-signées par eux comme responsables de leur ouvrage.

Il y aura près du conseil d'intendance un certain nombre d'agens qui garderont le lieu des séances, publieront et signifieront les décisions générales à qui de droit, transmettront les ordres de l'intendant en chef au sujet des séances du conseil dont il règlera seul la tenue ordinaire et extraordinaire.

Chacun des intendans aura près de lui le nombre d'agens intérieurs et extérieurs, commissaires, commis et autres

.employés , jugés nécessaires à l'exercice de ses fonctions .supérieures.

Le conseil général d'équité , principal protecteur de la liberté civile , sera composé de cent magistrats qui nommeront hors de leur sein un audiencier, un audiencier adjoint, des secrétaires , agens , commis et employés au nombre qui sera jugé nécessaire, révocables à la volonté du conseil.

L'audiencier présidera , certifiera les décisions du conseil ; les agens les publieront , les signifieront à qui de droit, suivront l'exécution des affaires , l'exécution des mandats d'arrêts des fonctionnaires publics mis en état d'accusation , ils exécuteront les ordres de police du conseil dans le lieu des séances et dehors, lorsqu'il y aura lieu.

Le conseil général d'administration, principal protecteur de la liberté politique, sera composé de cent cinquante administrateurs qui nommeront hors de leur sein un audiencier, un audiencier adjoint , des secrétaires, agens et commis au nombre qui sera jugé nécessaire , révocables à la volonté du conseil.

L'audiencier présidera , certifiera les décisions ; les agens les publieront et les signifieront à qui de droit , suivront l'exécution des affaires , l'exécution des mandats d'arrêt des fonctionnaires publics en état d'accusation, exécuteront les ordres de police du conseil dans le lieu des séances et hors , s'il y a lieu.

Il y aura près de chaque conseil un commissaire du conseil d'intendance, qui lui transmettra les renseignemens concernant l'exécution des loix et des décisions générales , l'état des affaires publiques qu'il désirera connoître ou que le conseil d'intendance croira nécessaire de lui donner.

Les conseils d'équité et d'administration délibèreront sur les affaires civiles , à la pluralité relative des voix.

De la division du Pouvoir entre les trois Conseils.

LE conseil d'intendance sera chargé collectivement de la formation de toutes les décisions tendant à l'ordre général, des réglemens de police sur les lieux , places et endroits publics , ils n'auront d'exécution que par l'approbation des deux autres conseils ; il approuvera ou rejettera les décisions générales prises par les autres conseils chacun dans sa partie.

Il sera chargé, concurremment avec les autres conseils, de la conservation du contrat social et particulièrement de l'exécution des décisions du gouvernement général rendues pour en faciliter, en régler l'exécution et en instruire les citoyens, plus de prêter force à l'exécution des jugemens et décisions des juges et administrateurs généraux et particuliers ; et de toutes les autorités délibérantes, de la direction et du détail de toutes les affaires intérieures et extérieures de la république dont l'intendant général représente le corps collectif vis-à-vis des puissances étrangères comme ses agens vis-à-vis des particuliers dans l'exercice de leurs droits et actions respectives ; il veille à la sûreté intérieure et extérieure de l'état ; établit, conserve et dirige les forces de la république ; il poursuit les délits et infractions au contrat social de tout genre. Il fait surveiller les autorités constituées en cas de négligence de leur part, percevoir par des préposés comptables les impositions ordinaires ou extraordinaires dont la levée sera décidée par le gouvernement général ; il fait la guerre et la paix avec les puissances étrangères d'après les bases prescrites par le contrat social ; il ne peut cependant acquérir aucun territoire étranger, ni céder aucune partie du territoire de la république, sans l'approbation des deux autres conseils du gouvernement supérieur.

Les fonctions ci-dessus sont divisées, suivies et exercées séparément par les intendans sus-nommés d'après les titres divers qui leur ont été donnés ci-dessus.

Le conseil général d'équité prendra toutes les désisions qu'il croira convenables à l'exécution des loix morales, civiles et criminelles, portées au contrat social, à tout ce qui a rapport à l'équité, la justice et la sûreté individuelle des citoyens ; ses décisions et interprétations générales n'auront de force qu'autant qu'elles seront approuvées par les autres conseils.

Il approuvera ou rejettera, lorsqu'il y aura lieu, les décisions des autres conseils.

Il cassera, annullera seul, amendera tous les jugemens rendus par les tribunaux particuliers de la république, contraires à l'esprit des articles du contrat social et des décisions

subséquentes du gouvernement général relatives à son exécution ; il jugera et poursuivra, en cas de négligence des agens du
conseil d'intendance , les officiers de justice ou chargés de
l'exécution de la justice qui ne rempliront pas leurs fonctions.

Il poursuivra et jugera toute atteinte quelconque portée de
la part de qui que ce soit , à la liberté individuelle , à l'état et
aux droits civils des citoyens.

Le conseil général d'administration prendra toutes les décisions relatives à la fixation des dépenses communes de la
république , à la fixation et à la levée des contributions ,
nécessaires au maintien de la société en corps , à l'entretien
des armées de terre et de mer et des établissemens publics , et
généralement toutes les mesures nécessaires à la conservation
du corps de la nation. Ses décisions et interprétations générales n'auront de force qu'autant qu'elles seront approuvées
par les autres conseils.

Il approuvera ou rejettera , lorsqu'il y aura lieu, les
décisions des autres conseils.

Il cassera seul , annullera et amendera toutes les décisions
contraires aux loix fondamentales de l'état , portées au contrat
social , rendues par les administrations locales ; il mettra
en jugement devant le conseil général d'équité les membres du
gouvernement général prévenus d'abus d'autorité ou d'inconduite politique marquée , il recevra et jugera les comptes de
de tous fonctionaires généraux de la république , il pourvoira
à la rentrée de leurs débets , surveillera leur conduite et leur capacité, et les metra en état d'accusation en cas de prévarication.

Chaque citoyen individuellement a le droit d'engager les
conseils chacun dans leur partie , à rendre une décision sur
un sujet qu'il leur exposera.

Chaque citoyen pourra dénoncer officieusement aux conseils généraux de la république les délits , malversations et
inconduite des agens et membres du gouvernement, des fonctionnaires publics et autres ; si trois dénonciations isolées et
signées , sont faites sur le même sujet, elles doivent être
prises en considération , et il doit être statué sur icelles.

De l'initiative , approbation ou rejet des décisions des Conseils.

CHAQUE décision du ressort des trois conseils devra
être présentée par chacun des conseils dans sa partie.

Le conseil d'intendance, le conseil d'équité, le conseil d'administration déclarent sur les décisions qui leur sont constitutionnellement envoyées, que le contrat social et la constitution du gouvernement permettent ou défendent la décision proposée, qu'ils approuvent ou rejettent en conséquence. Le conseil d'intendance peut inviter les autres conseils à prendre en considération les objets qu'il croit nécessaires, sans préjudicier à son droit d'approbation ou de rejet. Les décisions adoptées par les trois pouvoirs généraux de la république, ci-dessus institués seront appellés décisions générales du gouvernement supérieur, et seront mises de suite à exécution par les divers intendans ; le conseil d'intendance les fait préalablement promulguer ; les autres autorités de la république seront tenues de les reconnoître, à défaut de quoi le conseil d'intendance peut destituer les fonctionnaires qui les exercent, et les faire remplacer par d'autres.

De la Division du territoire de la République.

Le conseil d'intendance ci-dessus établi, pour faciliter l'exécution du contrat social et assigner l'étendue de l'exercice des fonctionnaires secondaires de la république, partagera le territoire de la république en contrées ou divisions de gouvernemens, en départemens et cantons, la contrée centrale sera plus étendue que les autres ; les autres seront de pareille étendue entre elles ; autant qu'il sera possible, leurs rayons pourront être de 15 à 20 myriamettres ou 30 lieues communes : dans chaque contrée il y aura au moins 3 départemens, dans chaque département au moins 12 cantons. Cette division faite, ne pourra être changée qu'avec le consentement des autres branches de gouvernement supérieur.

Du Gouvernement secondaire.

Outre le gouvernement supérieur ci-dessus institué, il y aura des autorités secondaires et intermédiaires par lesquelles le gouvernement supérieur agira et fera exécuter le contrat social, ses décisions et ses ordres.

Le conseil d'intendance agira, en fait d'affaires militaires, de marine, étrangères et d'établissemens publics, par les officiers de l'armée, de la marine, les envoyés en pays étrangers ou les commissaires établis dans les différentes parties.

Il y aura dans chaque contrée de la république, pour l'administration intermédiaire de la justice et des affaires administratives, un conseil de justice et un conseil d'administration, composés chacun du nombre de membres que le gouvernement supérieur estimera nécessaire relativement à l'étendue et à la population de la contrée divisés en autant de sections que la célérité des affaires et la localité l'exigeront. Une ou plusieurs sections seront particulièrement destinées dans le conseil de justice à juger les affaires criminelles et de police. Les membres éliront entre eux leur président.

Près de chacun de ces conseils seront établis un commissaire de l'intendance chargé de la poursuite des délits publics qui lui seront dénoncés, et de l'exécution des loix et décisions du conseil, de faire connoître les droits publics et particuliers, de veiller aux intérêts des mineurs, interdits et absens ; plus les substituts et officiers jugés nécessaires à la marche des affaires par le gouvernement général.

Les formes nécessaires pour la marche des affaires, dans lesdits conseils, seront prescrites par le gouvernement général, et seront uniformes pour tous.

Le conseil de justice jugera en dernier ressort toutes les affaires civiles, criminelles, morales et de police, jugées en premier ressort par les conseils de justice de département, ou de canton, dont il va être ci-après parlé. Il surveillera et punira les officiers de justice et autres de sa division qui outrepasseront leurs pouvoirs ou manqueront à leur devoir dans l'exécution de la justice.

Le conseil d'administration surveillera les agens de sa contrée, recevra et approuvera leurs comptes, poursuivra la rentrée de leur débet ; il mettra en jugement devant le conseil de justice les prévaricateurs, s'il y a lieu contre eux, à dommages et intérêts, ou à peines afflictives. Il réglera en dernier ressort toutes les contestations relatives à la perception des impositions, à la confection et à l'entretien des routes, et généralement toutes les affaires d'administration particulières à sa division.

Chaque contrée de la république sera sous-divisée en départemens et cantons.

Dans chaque département il y aura un intendant de département chargé, sous la surveillance supérieure du conseil d'intendance et des divers intendans, de l'exécution des affaires du ressort de l'intendance.

Il y aura un tribunal de justice et un d'administration composés chacun du nombre de membres que le gouvernement général jugera à propos de créer, divisés en autant de sections que la population, la localité et la célérité des affaires pourront l'exiger.

Il y aura dans le tribunal de justice une section criminelle et une de police, composées chacune de cinq juges au moins.

Il y aura près de chacun d'eux un commissaire de l'intendance et les agens et officiers nécessaires à l'ordre et l'exécution des affaires, établis à l'instar des autres conseils.

Lesdits tribunaux décident immédiatement et en premier ressort de toutes les affaires de justice ou d'administration, et en dernier, savoir : le tribunal de justice jusqu'à la valeur de 50 septiers de bled, et celui d'administration les contestations sur les impositions, recettes et dépenses qui n'excéderont pas la valeur de 10 septiers de bled.

Dans chaque canton il y a un agent de l'intendance sous la surveillance des intendans supérieurs et de département, des adjoints, en cas de nécessité, un juge civil et de police et un administrateur particulier, ou plusieurs, s'il y a lieu, dans les villes relativement à la population. Il y a près du juge civil et de police, et de l'administrateur particulier, trois assesseurs au moins qui les assistent au nombre de deux ; le troisième remplace celui des juges qui est recusé ou absent. Dans les jugemens et décisions qu'ils ont à porter, ils jugent et décident entre eux à la pluralité des voix. Il y a près de chacun des juges et administrateurs un greffier et un ou plusieurs agens.

Les fonctions du même genre peuvent être remplies par les mêmes citoyens auprès du juge et de l'administrateur particulier ; mais le même citoyen ne peut remplir à la fois les deux places de juge et d'administrateur particulier.

Il y a en outre, dans chaque canton, un officier public

garde des registres et actes publics , qui tient les registres
de naissances , mariages et sépultures , de propriétés ou
mutations de propriétés, conserve les hypothèques , garde
les minutes des transactions entre les particuliers , des
obligations privées, les plans et terriers du canton , les
consignations judiciaires, projette les partages de familles ,
sauf leur approbation en justice ou à l'amiable, fait ou
fait faire pour lui , les ventes publiques de meubles et
d'immeubles ; il y aura près de lui des secrétaires rédacteurs
des actes particuliers dans les lieux où ils seront jugés nécessaires , et des commissaires à ses différentes fonctions ,
en tel nombre que le gouvernement général le jugera à
propos , lorsque la multiplicité des affaires l'exigera.

De plus un receveur des deniers publics.

Le juge du canton conciliera , s'il se peut , les affaires
de tout genre, sans autre procédure qu'une citation devant
lui, qu'il permettra , s'il y a lieu , à défaut de titres, il
les jugera même par défaut en cas de non comparution d'une
des parties ; il donnera acte aux parties présentes de leur
conciliation ou de leur non-conciliation motivée , pour
servir de base aux jugemens postérieurs ; en cas de non-
conciliation , il renvoie les parties devant les tribunaux
et conseils supérieurs ; il juge définitivement les affaires
contradictoires , quand le montant en litige fixe et isolé
n'excède pas la valeur d'un septier de bled ; il juge provisoirement les délits ruraux , municipaux et de police,
condamne les délinquans en dernier ressort aux amendes
qui n'excèdent point un septier de bled ; il constate les
délits de tout genre , renvoie seul en matière criminelle
ou de police supérieure, les hommes sans aveu au jugement
des tribunaux supérieurs.

Il assiste aux assemblées de famille et de jurés d'accusation.

L'administrateur surveille les receveurs des deniers publics, il approuve les rôles d'imposition , il règle les contestations à ce sujet provisoirement , il juge définitivement
les contestations sur les impositions qui n'excèdent pas
la valeur d'un septier de bled.

L'agent de l'intendance établira les rôles d'imposition, poursuivra les délits publics, surveillera les agens ou employés
de l'intendance , exécutera les décisions , ou les ordres des

intendans supérieurs, il entrera aux scéances du juge et de l'administrateur pour faire les réquisitions qu'il jugera necéssaires, soit à l'exécution du contrat social, à l'intérêt public et des familles, à la poursuite des délits qui lui sont dénoncés ou dont il aura connoissance, soit pour faire rentrer les impositions légalement établies.

Le gouvernement supérieur réglera les formes réquises pour parvenir dans chaque partie au jugement, à la décision ou à l'exécution des affaires publiques et privées.

De la Résidence des Autorités constituées de la République et des citoyens.

L E gouvernement général sera établi dans la ville capitale de la république.

Les chef-lieux des autorités de contrées, seront établis dans la ville la plus considérable de la contrée.

Les chef-lieux des autorités de département dans la ville la plus considérable du département.

Les chef-lieux des autorités de canton dans l'endroit le plus considérable du canton.

Les citoyens devant être sous la surveillance des autorités constituées, seront tenus d'habiter les villes, bourgs, villages ou hameaux ; ils ne pourront résider dans les endroits isolés, que lorsque l'exploitation de leur propriété l'exigera, et après en avoir fait la déclaration auxdites autorités, laquelle sera renouvellée toutes les 5 années au moins.

De la Nomination aux Places.

N U L ne pourra être nommé à aucune fonction intéressant la sureté publique qu'il n'ait subi un examen de capacité dans les formes dont le gouvernement général conviendra ; cependant celui qui aura déjà occupé une place pourra passer à une supérieure du même genre, sans nouvel examen, à moins que la place à laquelle il sera promu ne soit jugée par le gouvernement exiger une instruction particuliere. (1)

____

(1) Quand il n'y a pas d'esclaves à titre particulier dans un état, le citoyen pauvre est toujours libre ; on ne peut guère être injuste

Lorsqu'un citoyen aura subi les examens nécessaires pour parvenir à une place de première admission dans une des parties judiciaires ou administratives, et aura été jugé capable de l'exercer, il aura droit de manifester son intention de l'obtenir, il se fera inscrire à cet effet, désignera même le lieu où il désirera l'exercer; il l'obtiendra lorsqu'elle viendra à vaquer, à son rang d'inscription, à compter du jour où il aura commencé ses études, pourvu qu'elles soient terminées, qu'il ait subi l'examen requis et ait été reconnu capable, en produisant d'ailleurs des preuves et des témoignages de sa qualité de républicole, de la certitude de ses mœurs, de sa probité et de la profession d'une religion non contraire aux engagemens des citoyens, pris par le contrat social.

Le premier acte de tout citoyen nommé à une place, sera de promettre d'observer et maintenir de tout son pouvoir le contrat social de la république et la constitution du gouvernement, et d'obéir aux autorités supérieures dans toute l'étendue de leurs pouvoirs, faute de quoi sa nomination seroit annullée de droit.

La faculté ci-dessus donnée d'obtenir une place sur sa demande et à son rang d'inscription, n'a point lieu pour la nomination aux places dépendantes de l'intendance.

L'intendant en chef est le collateur général de toutes les places dépendantes de l'intendance. Chaque intendant en chef nomme en conséquence seul son suppléant et son successeur, dans la huitaine de son installation, à défaut de quoi le plus ancien des intendans l'est de droit, et est reconnu pour tel par les différentes branches de gouvernement supérieur; il est

---

envers lui; car il ne peut y avoir grand intérêt à l'être, et l'on se deshonoreroit. Le despotisme ne frappe que la propriété et l'industrie : l'homme industrieux sans propriétés est trop indépendant et trop ambitieux pour qu'on puisse lui confier les rênes d'un état. L'homme studieux dans la partie politique ne peut rien attendre que de sa patrie. Pour avoir eu le moyen de s'adonner à l'étude, il faut qu'il soit aisé et propriétaire, c'est donc à lui seul qu'il faut confier les rênes du gouvernement. Ce genre de choix ne donne l'exclusion à personne, et donne des défenseurs au propriétaire qui est celui dans la société qui en a le plus besoin; et celui qu'il faut le plus considérer.

alors irrévocable : s'il fait un choix dans le temps prescrit, il le fait connoître aux autres branches du gouvernement, qui peuvent rejetter la nomination pour cause d'incapacité ou d'immoralité notoire du sujet, qui doit alors être remplacé dans un pareil délai, de même qu'en cas de décès, démission ou révocation. L'intendant en chef nommera seul et révoquera les autres intendans suivant qu'il le jugera utile au bien général, sans responsabilité de sa part, pourvu qu'ils soient républicoles au moins depuis 10 années, et propriétaires fonciers de fait ou présomptifs, depuis la la même époque, d'un bien de la valeur de 500 septiers de bled de revenu, libre d'hypothèque lors de la nomination. Il notifie les nominations ou destitutions motivées qu'il fait, aux autres branches du gouvernement.

L'intendant en chef ne peut nommer aux places d'intendans aucun de ses parens en ligne directe, et aucun de ses parens collatéraux, jusqu'au quatrième degré d'éloignement.

Les descendans d'un intendant en chef, ses parens collatéraux de même nom jusqu'au quatrième degré d'éloignement, ne peuvent être promus à la place d'intendant en chef ou suppléant, pendant l'espace de 100 années comptées du jour de son décès.

L'intendant en chef nomme à toutes les autres places d'exécution ; révoque ceux qu'il a nommés, mais sur la présentation seulement ou le rapport particulier de chacun des intendans dans leurs différentes parties, qui contre-signent la nomination, certifient la capacité, la bonne conduite et les services des individus, ou leur incapacité, inconduite, insubordination, en cas de révocation.

Les intendans ne devront présenter, pour remplir les places qui exigent des talens, que ceux qui auront fait leurs preuves d'études et connoissances y relatives, ni pour remplir celles qui exigent de la confiance et du crédit, que parmi ceux qui auront des biens pour répondre de leur manutention, outre les avances qu'on pourra exiger d'eux, lesquelles ne pourront néanmoins monter à plus d'une année de leurs recettes.

Dans les diverses branches supérieures et secondaires de gouvernement, judiciaires et administratives, il est pourvu aux places supérieures, tour-à-tour par les corps immédiatement inférieurs du même genre, qui choisissent un sujet dans leur partie pour les remplir ; c'est-à-dire, s'il vaque une place dans le conseil d'équité général, l'on élit dans un des conseils de justice de contrée, à la pluralité des voix, à tour de rôle, un membre d'un conseil de justice de contrée pour la remplir ; s'il en vaque une dans le conseil d'administration générale, l'on élit dans un des conseils d'administration de contrée, un membre de conseil d'administration de contrée pour la remplir (1).

S'il vient à vaquer une place dans un des conseils de justice ou d'administration de contrée, il y est pourvu tour-à-tour par les tribunaux de justice ou d'administration de département, séant sur le territoire de la division, qui nomment un de leurs membres en général pour la remplir.

Il est pourvu aux places judiciaires et administratives de départemens et cantons par inscription, comme il a été dit à l'égard des places de première admission.

Il en sera de même à l'égard des places inférieures. Aucun citoyen ne peut remplir des fonctions dans deux branches de gouvernement à la fois, sauf les assesseurs ou officiers inférieurs de canton.

Les places d'intendans de la république, d'envoyés en pays étrangers, d'officiers généraux, de membres des conseils d'équité et d'administration générale, ne pourront être conférées qu'à l'âge de 30 années, les autres à 25 : les simples défenseurs de la république ne seront admis au service, autant qu'il se pourra, qu'à 21 ans.

De la durée des Fonctions publiques.

LES différentes fonctions du gouvernement s'exercent à vie, si ce n'est 1°. en cas de simple destitution, faite pour cause de négligence, d'infirmités, d'immoralité, d'adoption d'autres fonctions, ou d'entreprises particulières,

____

(1) L'usage d'élever par gradation aux plus hautes places de magistrature et d'administration est utile ; l'admission subite des officiers inférieurs, accoutumés à faire valoir toutes les demandes judiciaires indifféremment, par conséquent à la chicane, seroit pernicieuse.

reconnues et déclarées par le corps auquel appartient le sujet, à la pluralité des trois-quarts des voix, ou par jugement d'un corps supérieur à la pluralité simple des voix, s'il y a dénonciation publique contre un membre d'un corps inférieur; 2°. en cas de destitution générale d'un corps inférieur, sur son refus d'enregistrement des décisions supérieures de gouvernement, ou en cas de révocation dans les places dépendantes de l'intendance générale de la république et des divers intendans.

De la Sauve-garde des Citoyens.

Nul citoyen domicilié, inscrit sur la liste des jurés d'un canton, ne pourra être arrêté et privé de sa liberté, que dans les trois cas suivans :

1°. S'il est soupçonné, avec fondement, d'un délit dont la poursuite pourroit emporter peine afflictive ou corporelle.

2°. S'il est soupçonné de trahison ou de correspondance avec les ennemis étrangers de l'état, ou de provocation ou participation à insurrection dans l'intérieur.

3°. Si sa raison altérée, une inconduite marquée ou son immoralité constante, peuvent faire craindre qu'il ne trouble la tranquillité, l'ordre de la société, et manque à la décence publique, ou s'il a commis quelques délits de police, pouvant emporter la peine d'une courte détention ou arrêt.

Dans tous les cas, les motifs de l'arrestation seront écrits, communiqués à ceux qu'ils concernent, et signés.

Dans le premier cas, un citoyen domicilié, soupçonné de délit et arrêté, ne pourra être détenu plus de trois jours.

Il sera, dans cet intervalle, envoyé devant le juge du canton sur lequel il sera détenu, qui convoquera quatre citoyens jurés du canton, choisis dans huit par l'accusé ou prévenu, dont la liste lui sera présentée; le juge fera devant eux son rapport sur l'évidence de son crime; s'ils décident à la majorité des voix qu'il n'y a pas lieu à l'accuser, il sera élargi et déchargé d'accusation.

Dans le cas contraire, l'accusé sera renvoyé au conseil de justice ou au tribunal de contrée; là un juge de la section criminelle, à tour de rôle, fera par six citoyens jurés de l'endroit, choisis dans 12 par l'accusé, son défenseur

ou le commissaire près le conseil de justice, sur une liste présentée à cet effet, décider suivant leur conscience, à la majorité des deux tiers des voix, si le délit à lui imputé a été par lui commis ; s'ils déclarent qu'il ne l'a pas été, il sera renvoyé et déchargé d'accusation.

Dans le cas contraire, il sera jugé définitivement et sans appel, par le tribunal de contrée ou la division dudit tribunal chargée du jugement des affaires criminelles emportant peine afflictive ou personnelle, d'après l'esprit des loix du contrat social, leur interprétation légale et les règles de la justice humaine et de l'équité, sans pouvoir aggraver le genre du délit constaté par les jurés. Ladite division sera composée au moins de cinq juges, il sera déclaré à l'accusé qu'il en peut récuser les deux cinquièmes.

Les prévenus de crime, de vagabondage ou immoralité non jurés, ou qui ne justifieront pas l'être dans les trois jours de leur arrestation, seront d'après l'information du juge de canton, renvoyés et traduits devant la division seule du conseil de justice de contrée, chargée des jugemens criminels ou de police, et jugés s'il se peut, dans la huitaine définitivement et en dernier ressort.

Dans le second cas d'arrestation ci-dessus énoncée, un citoyen soupçonné de trahison ou de provocation à insurrection, pourra être arrêté par l'ordre des intendans ou de leurs agens, en attestant par l'intendant des relations extérieures ou celui de l'intérieur sur sa responsabilité, qu'il a des preuves suffisantes pour le soupçonner des faits à lui imputés. L'intendant aura alors trois années pour le mettre en jugement, devant le tribunal criminel de division, pour y être jugé, sur le rapport des jurés, si c'est un citoyen domicilié et juré lui-même.

Dans le troisième cas d'arrestation, si un citoyen dont la conduite constante dans les lieux publics pourroit être nuisible à l'ordre et aux mœurs de la société, avoit été appréhendé, il sera renvoyé devant un tribunal de famille ou un jury ad hoc, pour décider s'il est nécessaire de le faire enfermer pour la vie ou par forme de correction, pour un temps quelconque.

En cas de délits légers de police, voies de fait ou autres, le juge de canton jugera seul avec ses assesseurs ; il ne

pourra

pourra condamner en ce cas, qu'au paiement d'une légère amende, ou au plus à un mois de détention.

Pour l'exécution des jugemens par jurés ci-dessus, chaque citoyen domicilié chez lui, comme propriétaire ou locataire à bail, se fera inscrire au greffe du juge civil et de police pour y exercer, à son tour, la place de juré protecteur de la liberté civile de ses concitoyens, de plus, au tribunal ou conseil de justice de contrée, s'il habite une ville dans laquelle réside un semblable tribunal ; les jurés nommeront entre eux, un ou plusieurs censeurs, chargés du maintien de l'ordre établi parmi eux pour leurs travaux, de la formation d. listes et radiations lorsqu'il y aura lieu.

Les épouses de jurés auront droit aux mêmes formes de jugement que leurs maris.

Les citoyens ci-dessus, qui auront été jugés coupables de quelques délits, repris trois fois pour cause d'immoralité, ou trois fois poursuivis pour l'exécution de leurs engagemens civils, seront rayés de la liste des jurés, et ne pourront plus y être réinscrits qu'après un intervalle de dix années, pendant lesquelles ils auroient vécu sans avoir à essuyer aucun des reproches ci-dessus.

Outre lés inscriptions de jurés établies ci-dessus dans les tribunaux, il sera fait, dans les lieux où le gouvernement général le jugera nécessaire, un tableau des principaux artistes, négocians et artisans qui feront les rapports nécessaires sur les matières d'art et négoce en litige.

Un tribunal de négocians, assisté d'un juge ad hoc et à vie, sera autorisé à juger en dernier ressort, sans frais, dans les villes où le gouvernement le jugera à propos, les affaires de commerce entre négocians et engagemens en conséquence. Ce tribunal pourra condamner, par forme de correction, les débiteurs de mauvaise foi ou évidemment insolvables lors de leurs emprunts, à cinq années de détention ou au bannissement de la république si la sûreté du commerce l'exige.

Les tribunaux de famille, convoqués d'après les loix portées au contrat social, assistés par le juge de canton, tiendront leurs séances dans l'enceinte des séances du tribunal ; ils régleront les affaires de familles, conserveront leur régime intérieur, et exerceront les droits réservés aux familles par le contrat social.

Il ne pourra subsister dans la république de maisons d'arrêts, qu'auprès des conseils de justice, des contrées, des départemens ou des juges de cantons, sous leur inspection. Les citoyens y seront le plus salubrement possible ; il n'y aura aucune prison d'état. Il ne pourra exister de maisons d'arrêts particulières, si ce n'est pour la police militaire et les militaires seulement, sous la surveillance de l'intendant de la guerre et sous sa responsabilité.

Il sera néanmoins établi, dans les principales villes, des maisons de réclusion pour les infirmes d'esprit, ou détenus pour cause d'immoralité. Les maisons d'arrêt et de réclusion seront confiées chacune à la garde d'un curateur irrévocable, si ce n'est pour délit ou incapacité jugés, nommé par l'intendant en chef de la république, sur le rapport de l'intendant de l'intérieur ; il sera responsable, devant les tribunaux, de l'exécution des décisions générales concernant la tenue de l'ordre et la police dans ces sortes de maisons.

De la Permanence des Autorités supérieures et secondaires du Gouvernement.

CHACUNE des autorités ci-dessus désignées, exerce ses fonctions consécutivement et sans autres interruptions que celles qui seront nécessaires au repos des citoyens et à la gestion de leurs affaires de famille.

Les trois conseils supérieurs du gouvernement général ne traitent cependant des affaires générales de la république, communes aux trois conseils, que les trois premiers jours de chaque mois, si ce n'est en cas d'urgence, sur l'invitation du conseil d'intendance, et ce pendant la durée du temps qu'il aura désigné.

Du Salaire des Agens du Gouvernement.

LE traitement des titulaires de places du gouvernement supérieur, et de celles de tout genre qui n'auront été admis qu'après des études dispendieuses et un examen de leur capacité, est fixé à la valeur pécuniaire de 200 septiers de bled ; le traitement des autres doit être inférieur ; il sera en outre accordé à ceux seulement qui remplissent des places dépendantes de l'intendance, un traitement particulier, pour payer les dépenses accessoires qu'exigeront leur rang, leur grade, leurs fonctions, la situation de leur résidence.

Les particuliers paieront les vacations des titulaires de places, établis pour régler et juger leurs affaires particulières, lorsqu'ils ont recours à eux. La république paiera les frais des affaires qui sont faites, poursuivies ou défendues en son nom, lorsqu'il y aura lieu.

Les frais de justice en général, et salaires des fonctionnaires publics seront fixés par les membres du gouvernement général ; ils seront modérés autant que possible.

Du Pouvoir extraordinaire accordé à l'intendant en chef dans les dangers publics.

DANS le cas où des soulèvemens, des crimes extraordinaires et multipliés pourroient faire craindre la désorganisation de tout ou partie du gouvernement, où les ennemis extérieurs de l'état se seroient emparés, par là séduction des citoyens, d'une partie du territoire de la république, les conseils d'équité et d'administration, sur la demande du conseil d'intendance, pourront accorder s'ils le jugent à propos, pour un temps court et limité à l'intendant en chef, le pouvoir de disposer à son gré de toutes les forces de la république ou seulement d'une partie, sur les lieux où existe le danger ; de faire arrêter, punir même de mort ou expulser de la république ceux qui auront voulu attenter au renversement de la société et à sa sûreté ; il ne sera tenu à aucun compte de sa conduite pendant la durée de cette magistrature extraordinaire.

De la Révision des Actes du Gouvernement.

TOUTES les décisions, instructions, avis, règlemens, et généralement tous les actes généraux émanés du gouvernement général, autres que ceux par lesquels le gouvernement au nom de la société a pris quelque engagement particulier, contracté quelque obligation envers les puissances étrangères, les particuliers étrangers ou républicoles sont périmés par dix années, s'ils ne sont par lui consolidés de nouveau expressément.

De la Publicité des séances des Pouvoirs délibérans.

CHAQUE corps délibérant du gouvernement aura la faculté de tenir tout ou partie de ses séances publiquement ou à huis clos, suivant qu'il croira que l'intérêt public ou particulier la liberté des opinions, la décence, l'exigent. L'ouverture de chaque séance sera néanmoins faite les portes ouvertes, les jugemens ou décisions seront prononcés de même.

De la Comptabilité.

TOUT citoyen, exerçant isolément ou sous sa responsabilité privée, des fonctions publiques exécutives, est comptable envers la république de ses actions. Si dans celles qui sont laissées à sa prudence, il s'est conduit imprudemment, il ne sera puni que par la perte de la confiance publique dans sa place, de la déclaration de laquelle il résultera sa destitution.

S'il a violé les droits et engagemens des citoyens, convenus par le contrat social, il sera puni par l'exclusion de toutes les places publiques généralement quelconques.

Celui qui aura changé de destination l'emploi des revenus publics, qui se sera rendu coupable de vol, pourra être puni non-seulement par la restitution, mais encore par la condamnation envers les pauvres d'une amende égale à la restitution, par l'incapacité de remplir aucunes places publiques, par le bannissement et la mort même, si les circonstances, dans lesquelles le délit a été commis, lui peuvent faire justement mériter ces peines.

Tout prévenu d'abus d'autorité, en général, ou de trahison publique dans sa place, de quelque rang qu'il soit, sans exception, sur la dénonciation des membres ou agens de l'intendance, de trois membres de quelques autres autorités constituées de la république, ou de six particuliers qui se contitueront prisonniers jusqu'à la décision de leur accusation, pour répondre de leur mauvais dessein, s'il y en avoit de leur part dans leur accusation, est mis, s'il y a lieu, en état d'accusation par le conseil d'administration générale, si ses fonctions sont générales, ou par les autres, si ses fonctions sont bornées à leur ressort, et jugées par le conseil d'équité générale dans le premier cas, ou tribunaux de justice de contrées dans le second, suivant l'exigence du délit et les circonstances qui l'ont accompagné, et punis, soit par l'incapacité d'exercer aucunes places publiques, soit par l'expulsion du territoire de la république, ou la mort même, si la cas le mérite.

L'accusation et le jugement ne pourront être portés ou rendus, dans tous les cas, que sur l'avis prononcé directement des deux tiers des membres présens ou absens de l'assemblée, accusante ou jugeante.

Toute violence illégale ou exaction exercée envers un citoyen, peut être poursuivie par celui qui en a été la victime, ou tout autre pour lui, devant les tribunaux de départemens de la république, et par appel aux tribunaux des contrées, ou devant le conseil général d'équité, si les fonctions du délinquant s'étendent sur toute la république.

S'il s'agissoit d'un membre d'un des deux conseils généraux d'équité et d'administration générale de la république, prévenu de délit public prémédité de haute trahison, il seroit mis en accusation par ses collègues ou par l'intendant en chef, celui de la justice ou de l'intérieur et jugé par l'autre conseil ; à l'égard des autres membres des différens corps judiciaires et administratifs, ils seront mis en état d'accusation par leurs collègues ou par l'intendant de la justice ou de l'intérieur, et jugés par le conseil général d'équité de la république.

Pour rendre effective la comptabilité des premiers membres de l'intendance et la fixer, l'intendant en chef, ou son suppléant, signera, ainsi qu'il a été dit, tous les actes émanés du ressort de l'intendance et des intendans, pour leur donner l'authenticité et le poids nécessaire à l'exécution, et éviter l'abus des actes clandestins ; mais à l'exception des actes de nomination qui lui appartiennent exclusivement, tous les autres actes, à peine de nullité, seront contre-signés des divers intendans, chacun dans leur département, afin que, par leurs signatures, ils deviennent seuls responsables envers la république de leur contenu ; ceux auxquels ils confèrent le pouvoir d'ordonner, deviennent, comme eux, personnellement responsables de leurs actions envers le public, et seront tenus de les signer.

L'intendant en chef ne peut refuser sa signature à une mesure particulière et légale prise par un intendant, sans se rendre responsable des suites de son refus.

Chaque année le conseil d'intendance réunit les deux autres conseils généraux, pour leur rendre un compte public de ses opérations et de celles de chacun des intendans de la république pendant le cours de l'année, de l'état et situation des affaires intérieures et extérieures, et des finances de la république, exposer ses plans et ses besoins pour l'année suivante.

Par suite du compte que tout corps ou individu du gouvernement doit au public, aucune autorité quelconque ne peut prendre une décision ni rendre un jugement sans le motiver, et énoncer la loi fondamentale, sur l'esprit de laquelle elle se sera fondée, à peine de nullité et d'inexécution.

De la division et fixation des Contributions aux dépenses de la République.

Les impôts qui doivent servir à l'acquit et paiement des dépenses générales de la république et de son gouvernement, seront divisés en ordinaires et extraordinaires.

Chaque citoyen, chef de famille, pour l'acquit des dépenses ordinaires, paiera personnellement, 1°. la vingtième partie de la valeur locative de son habitation, le quarantième seulement s'il est mal-aisé ou chargé de famille ; les indigens en seront dispensés ; 2°. la vingtième partie du revenu net de ses propriétés, du produit net de son industrie ou de son commerce.

Les maisons de ville, à la distance de trois lieues de la capitale et d'une des autres villes, comme biens périssables, ne seront imposées que sur les deux tiers de la valeur estimative de leur location ; les autres maisons et bâtimens de campagne n'étant qu'accessoires et utiles à la culture rurale, ne seront imposées qu'à raison du produit présumé de leur superficie.

L'impôt ci-dessus établi pour l'acquit des dépenses ordinaires, en cas de nécessité absolue pourra être augmenté par extraordinaire, mais ne pourra être quadruplé.

Les impôts extraordinaires devant servir à l'acquit des dépenses passagères de la république, seront établis pour un an seulement, sauf renouvellement par le gouvernement général, sans qu'il puisse s'écarter des dispositions portées au contrat social concernant les contributions publiques. Tout établissement d'impôt aura une base certaine et uniforme qui puisse garantir des actes arbitraires.

Les impôts seront divisés autant qu'il sera possible. Les impôts connus sous le nom d'impôts indirects, mis sur la circulation des objets de consommation, seront, autant qu'il se pourra, en balance avec les impôts directs pour le produit.

Les matières que le gouvernement général pourra retirer de la circulation pour être vendûes exclusivement au profit de l'état, ne pourront excéder cinq à six fois la valeur réelle qu'elles auroient sans cela dans le commerce.

Chaque administration particulière pourvoit, par des contributions particulières, à ses dépenses locales, inutiles à l'intérêt de la république entière, avec l'approbation du gouvernement général. Le conseil d'administration aura l'initiative en fait de contributions ; il rédigera seul les décisions en cette matière. Les deux autres sanctionnent ou rejettent, selon qu'ils le croient utile à la république. Le conseil d'intendance donne au conseil d'administration la situation des finances, lorsqu'il le juge à propos ou qu'il en est requis ; il peut proposer les moyens d'amélioration en fait d'impôt que l'expérience lui suggère, sans nuire à son droit d'approbation ou de rejet.

De la formation et division des Forces du gouvernement.

Il y a une force armée établie pour assurer la paix et l'ordre intérieur, l'exécution des loix, des actes qui en sont dérivés, la défense de la république contre les actes d'hostilités des sociétés ou nations étrangères.

Cette force est divisée en deux corps d'armées principaux ; le premier, sous le nom de gendarmerie nationale, toujours permanent, est destiné au service intérieur, à la police des armées, à la décoration des séances publiques, des autorités constituées, à la sûreté des membres du gouvernement, à prêter main-forte à l'exécution des loix sociales et des actes qui en dérivent, sur la simple réquisition des autorités constituées, à la poursuite des délits, à les constater et à repousser les efforts des sociétés étrangères, lorsqu'il pourra suffire. Le nombre des hommes qui le composeront est fixé au plus à deux mille, par million d'habitans.

Le deuxième, sous le nom de force de ligne, est destiné uniquement à combattre et à vaincre les ennemis extérieurs de la république en cas de guerre; il n'a aucune fonction de gouvernement intérieur à remplir, hors des cas extraordinaires qui peuvent mettre la patrie en danger, et pour le temps de leur durée; cette force est auxiliaire de la première; elle peut être divisée en plusieurs corps d'armée prenant le nom des divers territoires sur lesquels elle est rassemblée.

Les membres de cette armée de ligne, comme citoyens, en remplissent les devoirs accidentellement, c'est-à-dire en cas de rixes, d'incendie, de débordement, de prostitution publique, mauvais traitemens et délits contre lesquels des citoyens requièrent un prompt secours, et en cas de cérémonies publiques pour ajouter à la décoration.

Sa composition générale et sa durée sont fixées annuellement par le gouvernement général; le conseil d'intendance, comme en matière d'exécution, a l'initiative des décisions à cet égard et rédige ses proprositions. Le nombre des hommes qui composeront cette seconde force armée, ne pourra être porté ordinairement au-delà de 20,000 par million d'habitans.

Ce corps d'armée n'aura d'activité qu'autant que ses exercices seront nécessaires pour le tenir en état de servir la république au premier ordre; il ne peut être exercé et rassemblé que partiellement; l'infanterie ne peut l'être qu'une portion de l'année; ses membres ne sont obligés qu'au genre de service auquel ce corps d'armée est destiné, et ce pendant sa durée seulement.

L'intendant en chef de la république, est le chef d'honneur des deux armées; il les commande par lui-même en ce qui regarde sâ sûreté personnelle et celle des membres du gouvernement dont il est responsable. Il les commande encore dans les temps de trouble, et lorsqu'il est invité, par les deux conseils généraux, d'en prendre personnellement le commandement sans responsabilité dans les circonstançes où ils le croient avantageux à la patrie.

L'intendant de la guerre dirige les opérations militaires suivant l'exigence des cas, les besoins du service ; il établit des juges militaires pour le maintien de la discipline, les agens nécessaires qui pourvoient aux besoins de l'armée et à sa tenue ; il présente à l'intendant en chef les généraux et officiers des différentes classes, qui commandent les diverses divisions sous leur responsabilité, et les révoque avec lui sous sa seule responsabilité.

Il ne doit nommer aux places premières que ceux dont la capacité a été éprouvée.

La discipline de l'armée est réglée par le conseil d'intendance, et approuvée par les deux autres conseils.

Tout militaire qui se rendra coupable d'un délit particulier envers les citoyens, sera sur-le-champ abandonné, sur la réquisition des plaignans ou des agens civils de l'intendance, aux juges ordinaires pour y être jugé, suivant que le cas le requerra, sauf à l'être ensuite militairement si les réglemens militaires l'exigent pour le maintien de la discipline ; en cas de refus celui qui soustrait le coupable à la loi, tel que soit son grade dans l'armée, devient son complice et est puni comme tel.

Les citoyens qui doivent composer l'armée de l'intérieure sont choisis, autant qu'il est possible, parmi ceux qui auront fait partie de l'armée de l'extérieur ou de ligne, ayant huit années de service.

Les citoyens qui devront faire partie de l'armée seront tirés chaque année au sort parmi tous les citoyens propres au service ayant atteint l'âge de 21 à 22 ans. il y aura un billet de service sur cinq au plus ; si l'un des cinq se présente pour servir volontairement, il n'y aura point de tirage. Ceux qui auront été ainsi destinés au service militaire se rendront à leur destination à la première réquisition, à peine d'être punis comme déserteurs. Le temps de leur service sera de huit années, après lesquelles cependant ils pourront, s'ils le desirent, s'engager à rester un autre espace de temps semblable.

L'intendant de la guerre surveillera la remise des récompenses promises par le contrat social aux défenseurs de la république , après un temps de service déterminé ; ceux qui auront été estropiés dans leurs fonctions militaires ; et seront mis par-là hors d'état de service pour l'avenir , auront droit aux mêmes récompenses que ceux qui auront été au service le temps fixé pour acquérir , au service militaire , les récompenses publiques.

De la surveillance , entretien et police des Propriétés et Établissemens publics et privés.

LES propriétés destinées à l'usage journalier du public, tels que les routes , places , rivières et promenades seront sous la surveillance du conseil d'intendance de la république, et des divers intendans , chacun dans leur district. Le produit des terreins publics sera destiné à leur entretien ; le produit de la pêche des rivières navigables sera de même appliqué à leur entretien ou à celui des routes qui les avoisineront ; les bâtimens à l'usage des autorités constituées seront sous la même surveillance , et sous leur surveillance particulière, particulièrement sous celle du membre de l'intendance de service auprès d'elles s'il y en a. Les bâtimens qui seront destinés au service des intendans de la république , seront sous la surveillance particulière de ceux qui les occuperont , outre la surveillance générale de l'intendance générale de la république.

Les temples existant appartiendront aux sectaires du lieu, qui seront en plus grand nombre ; ils seront mis chacun sous la surveillance d'un curateur laïque nommé à la majorité par ceux qui les fréquenteront ; il veillera à leur entretien et à la police intérieure qui devra y être observée sous sa responsabilité.

Les divers établissemens jugés nécessaires à la société et érigés par le gouvernement général , destinés, soit à l'instruction publique , soit à remplir les devoirs de la société envers ceux qui l'auront servie , envers les indigens, enfans , vieillards , infirmes d'esprit ou de corps , seront dirigés et conservés chacun par un curateur comptable envers la république, nommé dans la forme des membres de l'intendance, qui ne sera cependant destituable que pour cause d'incapacité, de négligence ou de prévarication, provoquée !par! le conseil d'administration, de la contrée, de l'établissement public confié à ses soins, jugée par le conseil de justice. Les curateurs régiront et administreront les biens affectés au service de chacun des établissemens publics; ils ne pourront excéder leurs besoins; les divers biens de ces établissemens seront, autant que possible, convertis en propriétés forestières, afin de laisser à l'industrie particulière les biens d'une surveillance journalière qu'elle peut seule faire fructifier.

Les communautés d'habitans nommeront un syndic pour surveiller leurs propriétés communes.

Les établissemens, connus sous le nom de postes et messageries, pourront être, savoir, la poste aux lettres, affermée ou donnée à régie, les postes aux chevaux et messageries laissées à l'entreprise des particuliers, mais un curateur non destituable, si ce n'est en cas de prévarication ou incapacité, provoquée par le conseil d'administration générale et jugée par le conseil général d'équité, veillera à l'inviolabilité du secret des lettres, à la sûreté des voyageurs et des effets à eux confiés, sous sa responsabilité, celle de ses agens subordonnés, et des entrepreneurs particuliers.

Les spectacles ne pourront être ouverts qu'avec l'approbation de l'intendant général et de l'intérieur, sous la surveillance principale de ce dernier; un directeur par lui nommé, sera responsable du maintien des mœurs et de la police dans chaque spectacle.

De la Division des Propriétés particulières.

LE conseil d'intendance sera tenu d'indiquer les propriétés particulières qui, pour la sûreté des subsistances ou autre utilité publique, devront être par la suite indivisibles; elles ne pourront, dans chaque canton, excéder le tiers des propriétés du lieu; être chacune plus considérable qu'il ne faut pour l'exploitation de six charrues, ou moindre qu'il ne faut pour l'exploitation d'une seule, si ce sont des terres labourables.

La conservation des bois étant d'un intérêt général, le gouvernement surveillera l'exploitation et la garde des bois particuliers comme ceux des établissemens publics.

Les propriétés forestières seront indivisibles jusqu'à la réunion de six cents arpens.

Les propriétés rurales seront indivisibles au-dessous d'un demi-arpent.

De la répartition générale et garde des Fonds de la République.

Il y aura un trésor national confié à la garde d'un citoyen comptable envers la république de l'emploi des fonds. Il sera nommé par l'intendant en chef seul, à l'instar des intendans divers de la république ; il ne sera néanmoins destituable que pour cause d'incapacité ou de prévarication, provoquée par le conseil d'administration générale et jugée par le conseil général d'équité. Il fera acquitter les ordonnances des intendans jusqu'à concurrence de ce qui aura été accordé annuellement à chacun d'eux pour l'acquit de leur diverses dépenses sur l'état ordinaire et extraordinaire, convenu et arrêté chaque année sur la demande du conseil d'intendance, par le conseil d'administration générale avec l'approbation du conseil d'équité.

Des poids, mesures générales et monnoies de la république.

Les poids et mesures de la république les plus en usage et les plus commodes, seront une fois fixés et adoptés par le gouvernement général ; ils seront ensuite immuables pendant toute la durée de la société ; ils serviront seuls de base en justice et dans les opérations du gouvernement ; toutes les autres mesures seront rapportées à celles-ci, dans les transactions qui exigeront authenticité et publicité.

Il y aura un commissaire chargé de leur conservation, nommé à l'instar du garde du trésor public ci-dessus établi.

Le titre des monnoies sera une fois fixé pour toujours ; chaque coupure ou pièce ne pourra avoir d'autre dénomination que celle de son espèce, de son poids ; son titre sera indiqué sur son empreinte. Les différens rapports des métaux entre eux seront fixés, lorsqu'il y aura lieu, par un jury composé des principaux commerçans de la république.

Le gouvernement général établira une ou plusieurs fabrications nationales des monnoies, dont la marque, par lui adoptée, indiquera le lieu de la fabrication. Les directeurs des fabrications, nommés à l'instar du garde du trésor public ci-dessus établi, répondront de l'exactitude de leurs opérations.

La monnoie nationale sera seule reçue en paiement de contributions et donnée en paiement par le gouvernement; les condamnations ou dépôts judiciaires de monnoies, dont la nature particulière n'aura pas été désignée dans les transactions particulières, ne pourront être effectuées qu'avec cette monnoie.

Les contrefacteurs de cette monnoie, ceux qui l'altéreront et leurs complices, seront punis de mort, si le cas l'exige.

L'usage ou établissement de toute autre espèce de monnoie réelle ou représentative ayant un cours forcé, est interdit à jamais.

Des Récompenses publiques.

LE gouvernement général pourra instituer une récompense honorifique, pour rendre hommage aux talens que l'or ne peut payer; cette récompense pourra indiquer les divers degrés de reconnoissance de la patrie envers les sujets qui auront bien mérité d'elle; mais elle sera commune à tous les divers états de la société sans distinction; elle sera personnelle; elle ne pourra en aucun cas être transmise ni accordée à personne, pour raison des talens d'un autre, sous prétexte de parenté, d'hérédité ou de transmission; elle ne périra qu'avec celui à qui elle aura été accordée, elle pourra cependant, par un jugement émané de ceux qui en seront également revêtus, être retirée pour cause d'inconduite et d'indignité postérieures.

La société institue en outre, par la présente constitution, une dignité destinée à honorer les talens des plus vertueux et des plus grands hommes de la république, à récompenser leurs belles actions. Cette dignité ne sera

accordée qu'aux citoyens qui auront rendu de grands services dans les premières places civiles ou militaires ; elle
sera personnelle et intransmissible ; ceux qui en seront revêtus
porteront le titre d'honorables ou notables désignés de la
république ; ils assisteront à toutes les audiences ou cérémonies publiques de l'intendant en chef de la république ;
ils rempliront les missions intérieures et extérieures extraordinaires, auxquelles le gouvernement voudra donner de l'éclat :
ils signeront, comme notables, les traités de la république
avec les nations étrangères. Leur nombre ne pourra beau-
coup outre-passer celui de cent, mais pourra être moindre.

Ils auront rang immédiatement après les intendans de
la république, ils porteront le même costume.

Ils feront partie de la branche exécutive ou des membres
attachés au conseil d'intendance, et ne pourront par conséquent comme eux remplir aucunes fonctions dépendantes
des autres pouvoirs.

Ils ne pourront être destitués de leur dignité, que pour
cause d'inconduite, jugée par leurs collègues revêtus de la
même dignité.

Cette dignité, comme toute récompense publique, ne sera
accordée que par le gouvernement général, et ce sur la
proposition du conseil d'intendance général, approuvée
par les autres deux conseils généraux de la république.

*Du Costume des Agens et Magistrats du Gouvernement et
autres.*

Les fonctionnaires publics, les militaires seront revêtus
dans l'exercice de leurs fonctions, d'un habillement ou
d'un uniforme qui puisse les faire aisément reconnoître ;
la forme des habits des fonctionnaires publics et des uniformes s'éloignera le moins possible de celle qui sera en
usage parmi les citoyens et en général de l'habillement
national.

L'habillement des fonctionnaires publics sera réglé tous
les dix ans par le gouvernement général, sur la proposition du conseil d'intendance.

L'uniforme des divers corps militaires sera réglé par
l'intendant en chef sur le rapport de l'intendant de la

guerre, celui de la marine ou de l'intérieur, sans que l'approbation des autres branches du gouvernement soit nécessaire.

De la Censure générale.

LA société générale réserve à chaque citoyen, comme garantie de l'exécution du contrat social, contre les infractions possibles des membres du gouvernement, le droit de dire, écrire et imprimer tout ce qu'il jugera à propos sur les écrits, actes et actions des citoyens et membres du gouvernement, même les discuter, soit pour la conservation des sciences, des arts et du commerce souvent en butte à la charlatannerie, soit pour la conservation et l'intelligence du contrat social et empécher qu'il ne soit porté aucune atteinte à son but.

Aucun écrivain ne pourra néanmoins attaquer dans ses écrits, analyses ou discussions, les mœurs, la probité et les intentions d'aucun citoyen ou membre du gouvernement, ni employer aucuns termes immoraux, grossiers ou injurieux, sauf à lui, s'il le desire, à se rendre particulièrement dénonciateur, suivant les règles prescrites pour la dénonciation de ceux qui seront dans le cas d'être poursuivis pour contravention aux loix de la république. L'accusation ordinaire des délits publics et particuliers étant réservée aux corps constitués du gouvernement ou à ceux qui en sont individuellement atteints.

Dans le cas où un écrivain se seroit trois fois écarté du principe ci-dessus, l'usage de l'imprimerie lui sera interdit, et s'il en usoit de nouveau, il sera banni de la société ; ses biens seront acquis à sa famille dans l'ordre d'hérédité ordinaire, comme mort civilement.

Si un citoyen se croyant attaqué dans sa probité et ses mœurs par un écrit, ou le gouvernement pour maintenir le respect dû à ses membres, poursuit un écrivain comme ayant outre-passé la liberté de la presse ; la validité ou non-validité de l'accusation sera portée, comme toutes les affaires criminelles, qui intéressent l'ordre et la sûreté publique, et peuvent emporter peine afflictive, devant les jurés séant près la section criminelle du conseil de la contrée du lieu dans lequel reside l'écrivain, directement , sans qu'il soit besoin de la porter préalablement devant le jury de canton , et par suite jugée par le conseil même. S'il a été déclaré par le jury, à la majorité des deux tiers des voies , que l'accusé a outre-passé la liberté de la presse, le conseil pourra adoucir , comme en toute matière criminelle, la peine qui pourroit être infligée sur le rapport des jurés , sans pouvoir l'aggraver. Si l'auteur n'étoit point juré, il seroit, en ce cas, jugé, comme les hommes sans aveu, par la division criminelle du conseil seul.

Les premier, deuxième et troisième jugemens de condamnation , ne porteront qu'injonction d'être plus circonspect à l'avenir ; le quatrième portera interdiction de la presse, le bannissement sera réservé à la récidive.

Les ouvrages de tout genre qu'un citoyen desirera faire imprimer, autres néanmoins que ceux faits dans l'intention de censurer les abus, les divers ouvrages, la conduite d'un citoyen ou de quelques-membres du gouvernement, ou de se justifier, seront sujets à un visa de jurés pris tour-à-tour sur une liste que chaque commissaire près les tribunaux de contrée indiquera ; ils prohiberont ce qui s'y trouveroit d'indécent et d'immoral ou contraire aux droits sociaux ; ils ne pourront cependant arrêter l'impression que dans le cas seulement de l'affirmative, et en indiquant directement ce qu'ils y ont trouvé tel ; l'auteur, s'il n'aime mieux en référer au jugement des tribunaux, en retranchant les passages censurés, pourra faire imprimer son ouvrage. Dans tous les cas l'imprimeur sera tenu d'indiquer l'auteur en cas de prévarication jugée, comme responsable de ses actions envers la société ; toute provocation à insurrection ou au meurtre imprimée, pourra, si les circonstances l'exigent, être punie de mort.

Des Etablissemens relatifs aux Sciences, Arts et Commerce.

Le gouvernement établira dans les grandes villes, des corps d'érudits en fait de droits civil et public, de littérature, sciences et arts, nommés par ceux qui auront été reconnus pour les pratiquer ; ils seront destinés à recueillir, conserver,

récompenser

récompenser les ouvrages et découvertes utiles à la société , et à encourager les étudians , les auteurs , inventeurs et perfectionneurs , à constater la capacité des citoyens en tout genre , afin de garantir le public confiant des maux que causent l'ignorance, l'incapacité, le charlatanisme, excité par l'appas du gain , sur-tout dans les places du gouvernement.

Lorsqu'un ouvrage le méritera , ces corps pourront, sur la réquisition des auteurs , examiner les ouvrages et déclarer le prix qu'ils penseront que le public devra y attacher.

Le gouvernement établira de même , dans les endroits où il jugera à propos , des corps d'experts en fait d'exercice de commerce , manufactures et professions de tout genre. Ces corps seront destinés à conserver les connoissances dans les différentes professions ; ils examineront la capacité des individus qui se destineront à ces professions.

Ces corps ne pourront refuser à personne l'examen de leurs connoissances sous aucun prétexte.

Ils seront salariés par l'état , s'il est nécessaire , et additionnellement par ceux qu'ils examineront et surveilleront ; le gouvernement réglera leurs salaires. Leur nomination sera faite, dans chaque profession, par ceux qui auront été précédemment par eux reconnus capables de les exercer.

De la Police des Sociétés particulières.

La société nationale confiant , par ces présentes , au seul gouvernement qu'elle établit, l'exécution du contrat social, réservant le droit de le conserver à tous les citoyens individuellement ; nul ne pourra se réunir en société pour augmenter sa force de volonté , au préjudice du droit individuel des autres citoyens qui ne se rassemblent pas pour le même objet.

Toute assemblée politique, tendant tôt ou tard à s'emparer, par la force qu'elle acquiert, des rênes du gouvernement et de la liberté publique et privée ; le gouvernement ne pourra laisser ouvrir aucune société ayant pour but de traiter des affaires publiques : tout citoyen ayant tenté d'en établir ou conserver de semblables , sera banni de la société , comme ayant attenté aux droits individuels des citoyens et du gouvernement.

D

Les citoyens qui contracteront quelque société , ne pourront avoir qu'un but particulier déclaré ; la liberté individuelle des citoyens non contraire à leurs engagemens sociaux étant inaliénable , aucune société , autre que la société nationale ci-dessus contractée , et la société matrimoniale instituée par icelle , ne pourra être contractée à perpétuité ni rien posséder à ce titre. Aucune profession ne pourra être également embrassée à perpétuité ; tout particulier qui en aura embrassé une pourra la quitter à volonté , si ce n'est la profession militaire dans laquelle il pourra être tenu de rester pendant huit années.

Les ouvriers, domestiques, apprentifs et citoyens de quelques professions que le gouvernement jugeroit nécessaire d'indiquer , pourront s'engager pour un temps limité qui ne pourra cependant excéder trois années.

Dernier vœu de la Société.

Les membres du gouvernement se rappelleront sans cesse que leurs places n'ont été instituées que pour l'utilité et le service public et privé , qu'ils doivent à tous les citoyens justice, avec publicité et célérité ; qu'ils sont établis pour protéger la vertu, l'innocence, les bonnes mœurs ; qu'ils doivent poursuivre par-tout le crime et la licence , et faire régner la paix.

Les citoyens, de leur part , se rappelleront sans cesse que leur bonheur, présent et à venir , dépend de leur union , de l'exécution exacte et perpétuelle de leurs engagemens sociaux , de leur soumission aux jugemens du gouvernement.

La république, pour le maintien et la conservation perpétuelle du présent acte de société , implore la protection du créateur de l'univers , qui fait prospérer les nations , qui récompense dans une autre vie l'homme juste et bienfaisant , qui punit le malfaiteur , et fait , tôt ou tard , triompher l'ordre , la justice et la vérité.

Fait et arrêté en l'assemblée générale du Peuple François , le.........

De l'Imprimerie de STOUPE , rue de la Harpe. An 8.

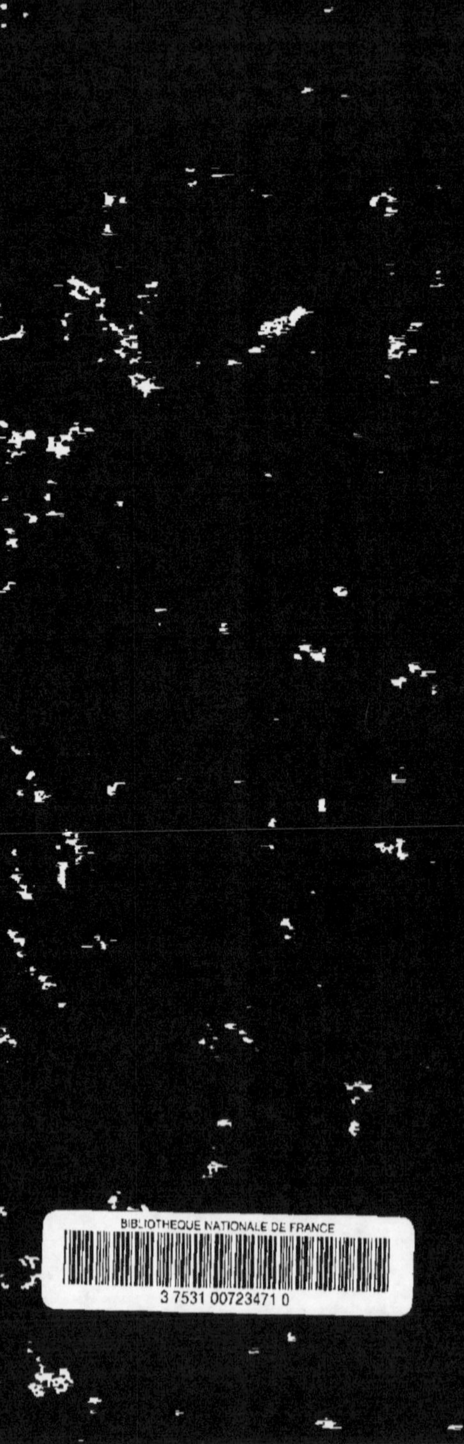